AF356932

LE DRAGON

COMÉDIE

DU MÊME AUTEUR :

LE GANT DE SUÈDE, comédie en un acte.
* MONSIEUR IRMA, comédie en un acte.
L'OISEAU BLEU, comédie en un acte.
LE SOUS-PRÉFET DE NANTERRE, comédie en un acte.
* LA GUERRE JOYEUSE, opéra-comique en trois actes, en collaboration avec M. Alfred Hennequin, musique de M. Johann Strauss.
TROP DE VERTU ! comédie en trois actes, en collaboration avec M. Alfred Hennequin.
* LE MARQUIS DE KERSALEC, pièce en un acte.
LES POCHES DES AUTRES, comédie en un acte.
* LE MARIAGE D'UNE LINOTTE, conte en vers, dit par Mademoiselle Reichenberg, du Théâtre-Français.
* LES VACANCES DU MARIAGE, comédie en trois actes en collaboration avec M. Albin Valabrègue.
LE GARDIEN DE MA FEMME, vaudeville en trois actes.
TOUS LES MÊMES ! comédie en un acte.
* LES OISEAUX DE PASSAGE, comédie en un acte.
* UN MARIAGE AU TÉLÉPHONE, comédie en un acte.
* UN PRIX MONTYON, comédie en trois actes, en collaboration avec M. Albin Valabrègue.
* LA PETITE POUCETTE, vaudeville-opérette en cinq actes, en collaboration avec M. Maurice Ordonneau, musique de M. Raoul Pugno.
* POUR UN HANNETON, comédie en un acte.
* LE RÉVEIL DU CALIFE, comédie en un acte.
* UNE NUIT ORAGEUSE, comédie en un acte.
* LE FLUIDE DE JOHN, comédie en un acte.
* LE CHATEAU DE MONSIEUR TOULARDOT, comédie en un acte.

NOTA. — Toutes les pièces marquées du signe* ont été imprimées.

IMPRIMERIE GÉNÉRALE DE CHATILLON-SUR-SEINE. — PICHAT ET PEPIN.

LE
DRAGON

COMÉDIE EN UN ACTE

Pour Hommes

PAR

MAURICE HENNEQUIN

PARIS

LIBRAIRIE THÉATRALE

14, RUE DE GRAMMONT, 14

—

1892

PERSONNAGES

ESCOUBLAC, 60 ans.

LATURBALLE, 25 ans.

KERVANY, 28 ans, capitaine de dragons.

BAULOIS, domestique d'Escoublac.

A Paris de nos jours.

LE DRAGON

A mon ami Félix Leseur.

Le théâtre représente un salon. — Trois portes : au fond, à droite et à gauche. — Dans un coin un paravent. — Table, chaises, etc.

SCÈNE PREMIÈRE

BAULOIS, puis ESCOUBLAC.

Au lever du rideau la scène est vide. On entend un coup de sonnette. — Un silence.

VOIX D'ESCOUBLAC, à la cantonade.

Baulois !... Baulois !...

BOULOIS, entrant tranquillement, un costume sous le bras.

Voilà, Monsieur !

VOIX D'ESCOUBLAC.

Baulois !...

BAULOIS.

On sonne d'un côté, on m'appelle de l'autre !
Quelle existence !...

VOIX D'ESCOUBLAC.

Baulois !... Baulois !...

BAULOIS, posant le costume sur une chaise.

Ah ! mon Dieu, s'il pouvait se casser la voix... Ce
que ça me ferait plaisir !... Ne plus entendre toute
la journée (criant.) Baulois !... Baulois !... Baulois !...

VOIX D'ESCOUBLAC.

Baulois !... Baulois !...

BAULOIS, tranquillement.

Le voilà parti !... C'est assommant !... Crie, va,
crie !... Si tu crois que je vais me presser... (Allant
vers la table sur laquelle est une boîte de cigares et en prenant
quelques-uns.) C'est curieux, depuis quelque temps je
ne peux plus fumer que des havanes !...

ESCOUBLAC, entrant.

Baulois !... Baulois !...

BAULOIS, criant.

Mais, sapristi ! Monsieur, je ne suis pas sourd !

ESCOUBLAC, furieux.

Ah ! on ne le dirait pas !... Brute, animal, cré-
tin !...

BAULOIS, à part.

Quel charmant caractère !... Et dire qu'il faut vi-
vre avec des gens comme ça !...

ESCOUBLAC.

Ah ! je ne sais ce qui me retient... Qui a sonné ?

BAULOIS.

C'est le costume neuf de Monsieur. Je l'ai posé
là !

ESCOUBLAC.

C'est bien. — Mon bain ?

BAULOIS.

Il est prêt depuis une heure !

ESCOUBLAC.

Comment, depuis une heure ? Et tu ne me préviens
pas ?... Mais l'eau doit être tiède, imbécile !

BAULOIS.

Oh ! non, Monsieur, elle est froide !... Même que
j'ai mis le vin de Monsieur à rafraîchir dans la bai-
gnoire de Monsieur.

ESCOUBLAC.

Ah ! c'en est trop !... Je te chasse !...

BAULOIS, tranquille.

Non ! Monsieur ne fera pas ça !...

ESCOUBLAC.

Et pourquoi, s'il vous plaît ?

BAULOIS.

Parce que si Monsieur ne m'avait plus pour fric-
tionner ses rhumatismes...

ESCOUBLAC, à part.

C'est vrai, tout de même, il frictionne comme un
ange, cet animal-là ! (Haut.) Je te pardonne encore,
mais ne recommence plus !...

BAULOIS, à part.

Il me fait de la peine...

ESCOUBLAC, à part.

Ah! s'il ne frictionnait pas si bien... (Remontant.) Allons, je vais aller remettre de l'eau chaude. (Redescendant.) Ah! pendant que j'y pense,... as-tu été hier chez le serrurier ?...

BAULOIS.

Oui, Monsieur !...

ESCOUBLAC.

La serrure de la porte d'entrée est réparée ?...

BAULOIS.

Non, Monsieur...

ESCOUBLAC.

Comment, non ?

BAULOIS.

J'ai bien été chez le serrurier... Mais j'ai oublié de lui parler de la serrure !...

ESCOUBLAC, énervé.

Ah! tiens, tu es trop bête !...

BAULOIS.

Je suis bête, mais je suis bon !...

ESCOUBLAC, exaspéré.

La porte d'entrée ne ferme pas, et tu oublies ?... Ah! ça, tu veux donc nous faire assassiner ?

BAULOIS.

Oh! non !... Il n'y a pas de danger pour moi : je dors au cinquième !...

ESCOUBLAC, criant.

Va me chercher le serrurier, ou je te flanque par
la fenêtre !...

BAULOIS.

J'y vais !... (A part.) Quel caractère !... Ah ! comme
sa défunte a dû souffrir !...

ESCOUBLAC.

Et rapporte une côtelette de plus pour le déjeuner — une côtelette de mouton... qui ne le sente
pas !

BAULOIS, avec curiosité.

Monsieur attend quelqu'un ?...

ESCOUBLAC.

Oui, Monsieur attend quelqu'un !... Monsieur attend un futur gendre, M. Edgard Laturballe, qui
doit arriver ce matin même d'Orléans... Es-tu con-
tent ?

BAULOIS.

Comment, Monsieur va marier mademoiselle Cé-
cile qui est encore au couvent ?

ESCOUBLAC.

Ah ! ça, est-ce que tu crois que je vais te raconter
mes petites affaires, par hasard ?... File, et plus vite
que ça !...

BAULOIS, très digne.

C'est bien, Monsieur !

ESCOUBLAC.

Moi je vais prendre mon bain... (Regardant Baulois.)
Jocrisse, va !... Ah ! si je n'avais pas de rhumatismes !...

Il sort par la gauche.

1.

BAULOIS.

Intéressez-vous donc à vos maîtres !... (Passant devant la table où sont les cigares et en prenant encore quelques-uns dans la boîte.) Impossible d'en fumer d'autres !...

Il sort par la droite. — A peine a-t-il disparu que Laturballe entre comme une bombe par la porte du fond. — Il porte un costume jaune très clair.

SCÈNE II

LATURBALLE, seul, très agité.

Je crois qu'il a perdu ma trace !... (Tombant assis.) Ouf ! je n'en puis plus !... (Se levant, mû comme par un ressort.) Arrivé ce matin d'Orléans, je sautais en voiture pour me rendre chez mon futur beau-père, M. Apollodore Escoublac, ex-fabricant de sardines à l'huile, sans huile... et sans sardines — lorsqu'un dragon fit irruption par la portière opposée. Le choc fut terrible. Pendant que nous discutions, ma main gauche, — je ne sais comment cela s'est fait, car je suis myope comme une taupe, — ma main gauche effleura sa joue droite. — Un soufflet ! s'écriat-il, paltoquet, il me faut ton sang. Je bondis sous l'injure. — Je bondis même hors de la voiture... Ah ! quelle course !... Avez-vous déjà vu une course de chameaux dans le désert ?... Non ?... Ni moi non plus. Alors nous ne pouvons pas établir de comparaison ! Après une course sans comparaisons, je m'élançai dans cette maison. Où suis-je ? Je n'en sais rien. (Allant regarder par la fenêtre.) Sapristi !... Mon dragon s'est installé au café en face. Impossible de sortir d'ici avec ce costume. Ah ! bien, me voilà

gentil !... (Il tombe assis sur le costume d'Escoublac.) Qu'est-
ce que c'est que ça ?... Un costume !... C'est le ciel
qui me l'envoie ! Laturballe mon ami, tu vas endos-
ser cette redingote qui te tend les manches. (Apercevant un paravent.) Un paravent... voilà mon affaire !...
(Il va derrière le paravent changer de costume.) Quand je
pense qu'il y a des gens qui nient la Providence !...
Ce que je fais là n'est peut-être pas très délicat,
quand on y réfléchit. Mais on n'a qu'à ne pas y ré-
fléchir... Voilà tout ! (Quittant le paravent.) Comme ça
je suis méconnaissable... (Mettant son complet sur la chaise
où était la redingote.) Je n'ai que le temps de prendre
l'omnibus... Plus de voiture, c'est trop dangereux !
(Sortant par le fond.) Merci, généreux inconnu, merci !

SCÈNE III

ESCOUBLAC, puis BAULOIS.

ESCOUBLAC, entrant par la gauche, en robe de chambre.

Brrou !... mon bain était glacé. J'ai eu beau ajouter
de l'eau chaude !... Ah ! quel idiot que ce Baulois !...
Je vais avoir une crise, c'est sûr !... Voyons, il s'agit
maintenant de s'habiller... mon futur gendre ne peut
tarder. (Voyant entrer Baulois par la droite.) Eh bien ! as-tu
été chez le serrurier ?

BAULOIS.

Oui, Monsieur !

ESCOUBLAC.

Enfin on va donc arranger...

BAULOIS.

Non, Monsieur !...

ESCOUBLAC.

Non ?... Qu'est-ce qu'il y a encore ?

BAULOIS.

Il y a que les serruriers se sont mis en grève ce matin !

ESCOUBLAC.

Eux aussi ?...

BAULOIS.

Oui, Monsieur...

ESCOUBLAC.

Allons, je serai forcé de mettre un verrou en attendant...

BAULOIS.

Ils réclament la journée de huit heures : huit heures de repos, huit heures de plaisir, huit heures de promenade, et huit heures de spectacle !...

ESCOUBLAC.

Eh bien ! et le travail ?

BAULOIS.

Plus de travail !... Et les salaires doublés, voilà !...

BAULOIS.

Ah ! par exemple !...

BAULOIS.

Quant à la côtelette, elle est sur le feu... J'ai eu bien soin de demander une côtelette qui ne sente pas le mouton... on m'a donné une côtelette de veau !...

ESCOUBLAC, levant les épaules.

Enfin !... Allons, aide-moi à m'habiller...

BAULOIS.

Monsieur veut mettre son costume neuf ?...

ESCOUBLAC.

Naturellement !...

BAULOIS, allant prendre le costume laissé par Laturballe.

Tiens, il a changé de couleur !...

ESCOUBLAC, ahuri.

Hein ?...

BAULOIS.

Il était noir... et il est devenu jaune !...

ESCOUBLAC.

Qu'est-ce que c'est que ça ?...

BAULOIS.

C'est le costume neuf de Monsieur !...

ESCOUBLAC, furieux.

Allons donc !... Un complet jaune serin... à la place d'une redingote !...

BAULOIS, montrant le veston.

Cette couleur ira bien mieux à Monsieur !...

ESCOUBLAC.

Le garçon se sera trompé... Sapristi !

BAULOIS.

Oh ! je suis bien sûr d'avoir reçu...

ESCOUBLAC levant les épaules.

Tu es sûr !... Tu es sûr !...

BAULOIS.

Dame!...

ESCOUBLAC.

Moi qui comptais éblouir mon futur gendre!... Allons, donne-moi ma vieille redingote.

BAULOIS.

Impossible!... Elle est chez le dégraisseur!...

ESCOUBLAC.

Nom d'un petit bonhomme!...

BAULOIS.

Monsieur mange si salement...

ESCOUBLAC.

Obligé de mettre ce complet-là!... Enfin, à la guerre comme à la guerre... (Allant s'habiller derrière le paravent.) J'aurai l'air d'un canari là-dedans...

BAULOIS, à part.

Comme s'il avait besoin de ça pour avoir l'air...

ESCOUBLAC, toujours derrière le paravent.

Je ne peux pourtant pas recevoir mon futur gendre en robe de chambre... Sapristi!... Ça me serre un peu!... (Quittant le paravent en manches de chemise, à Baulois.) Aide-moi donc un peu, toi!... (Baulois lui présente le veston à l'envers.) Qu'il est bête, mon Dieu, qu'il est bête!...

BAULOIS.

Je suis bête, mais je suis bon!

ESCOUBLAC, complètement habillé.

Voyons, comment me trouves-tu?

BAULOIS.

Très bien !... Ce costume donne à Monsieur un air tout à fait distingué...

SCÈNE IV

Les Mêmes, plus KERVANY.

KERVANY, entrant comme une bombe.

Voilà une heure que je croque le marmot, et le concierge m'a assuré...

ESCOUBLAC, se retournant, ahuri.

Un dragon !...

KERVANY, apercevant Escoublac, à lui-même.

Ce costume... (Avec joie.) C'est lui ! (Haut à Escoublac.) Je vous tiens donc !

ESCOUBLAC.

Vous désirez, Monsieur ?

KERVANY.

Ah ! vous avez cru que vous m'échapperiez !...

ESCOUBLAC.

Moi ?...

KERVANY.

Nous avons un compte à régler !...

BAULOIS, à lui-même.

Ce dragon serait-il un créancier ?

KERVANY.

Je vous dois une gifle...

BAULOIS, à part.

Non ! c'est un débiteur !...

ESCOUBLAC, ahuri.

Mais, Monsieur, vous ne me devez rien du tout !...

KERVANY.

Allons, ne faites pas l'imbécile !... Vous m'avez souffleté devant la gare d'Orléans !...

ESCOUBLAC.

Moi ?...

KERVANY.

Il y a trois heures trente-cinq.

ESCOUBLAC.

Moi ?

KERVANY.

Dans le fiacre 12450 !...

ESCOUBLAC.

Moi ?... Mais, capitaine, vous êtes fou !... Je n'ai pas bougé d'ici '... N'est-ce pas, Baulois ?

BAULOIS.

A moins que Monsieur ne soit sorti pendant mon absence !...

KERVANY.

Ne faites pas l'imbécile ! Je vous le répète une dernière fois...

ESCOUBLAC.

Permettez !...

KERVANY, lui lançant une énorme gifle.

Voilà d'abord la gifle !

ESCOUBLAC, abruti.

Capitaine !...

BAULOIS, à part, enchanté.

Cristi ! quelle poigne !... Ça fait plaisir à voir !...

KERVANY.

Et maintenant il me faut votre sang !

ESCOUBLAC, affolé.

Mon sang !... (A Baulois.) Va chercher le commissaire !...

BAULOIS.

M'en aller !... Ah ! mais non, c'est trop intéressant !...

KERVANY.

Dans une heure vous recevrez mes témoins...

ESCOUBLAC, avec force.

Je ne les recevrai pas !...

KERVANY.

Je veux bien vous laisser le choix des armes !...

ESCOUBLAC.

Je ne veux rien choisir du tout !...

KERVANY.

Mais quelle que soit l'arme que vous choisissiez vous êtes un homme mort !

ESCOUBLAC, s'affaissant.

Au secours !... A la garde !...

KERVANY.

On ne gifle pas impunément un capitaine de dragons... même en fiacre!... Dans une heure mes témoins et demain sur le terrain (sortant par le fond.)
J'ai l'honneur de ne pas vous saluer!...

SCÈNE V

ESCOUBLAC, BAULOIS.

ESCOUBLAC, à moitié évanoui.

Mon sang!... Il veut mon sang!...

BAULOIS.

Voyons, Monsieur, remettez-vous!... Mourir un
peu plus tôt ou un peu plus tard, allez!...

ESCOUBLAC.

Tomber sur le terrain dans la force de l'âge!...

BAULOIS.

Oh ! la force de l'âge!... Monsieur est assez mûr
pour pouvoir tomber!...

ESCOUBLAC, se levant vivement.

Mais saperlipopette, je ne me battrai pas!... Je ne
le connais pas, ce dragon, je ne l'ai jamais vu!... Ce
n'est pas moi qui l'ai giflé !

BAULOIS.

Oui, mais c'est bien lui qui vous a giflé, vous!...

ESCOUBLAC.

C'est possible, mais l'instinct de la conservation...

BAULOIS.

Est le propre des animaux !...

ESCOUBLAC.

Eh bien ! soyons animal !... Pour cette fois seulement !

BAULOIS, indigné.

Fi, Monsieur, fi !...

ESCOUBLAC.

Ou ce dragon est fou — ou je suis l'objet d'une épouvantable erreur !... Et dans le doute je n'hésite pas... à quitter le pays qui m'a vu naître !...

BAULOIS, indigné.

Fuir ?... Ah ! Pouah !...

ESCOUBLAC, très digne.

Fuir ?... Je ne fuis pas... Qui a dit que je voulais fuir ?... Je pars tout simplement. Voilà longtemps que je désirais aller explorer le centre de l'Afrique... et c'est une occasion ou je ne m'y connais pas !

BAULOIS.

Monsieur m'emmène ?...

ESCOUBLAC.

Certainement !... Et mes rhumatismes ?...

BAULOIS.

Monsieur emmène aussi ses rhumatismes ?...

ESCOUBLAC.

Ah ! dans une heure nous serons loin !...

BAULOIS.

Partir sans avoir embrassé ma mère !... Jamais, Monsieur !... Je demanderai à Monsieur la permis-

sion d'aller le rejoindre à Pâques... (A part.) ou à la
Trinité...

Coup de sonnette.

ESCOUBLAC.

Sapristi ! On sonne !... Si c'étaient les témoins...

BAULOIS.

Ou le futur gendre de Monsieur.

ESCOUBLAC.

Ah ! je l'oubliais, celui-là !... Qu'est-ce que je vais
lui dire ?... Si c'est lui, prie-le de m'attendre ici...
Le temps de faire ma valise...

BAULOIS.

Bien, Monsieur...

ESCOUBLAC, sortant par le fond.

Ah ! non, tu n'auras pas mon sang. A moins d'aller le chercher sur les bords du lac Albert...

SCÈNE VI

BAULOIS, EDGARD.

EDGARD, entrant par le fond et regardant tout autour de lui.

C'est curieux comme à Paris les maisons se res-
semblent !

BAULOIS.

Tiens !... Qu'est-ce qu'il regarde ?

EDGARD.

Je jurerais... (Apercevant Baulois.) Oh ! quelqu'un !...
(Haut.) M. Escoublac, je vous prie...

BAULOIS.

C'est ici, Monsieur...

EDGARD, lui remettant sa carte.

Veuillez lui annoncer M. Edgard Laturballe.

BAULOIS, s'asseyant tranquillement.

Comme ça, c'est Monsieur qui arrive d'Orléans?...

EDGARD.

Oui !...

BAULOIS.

C'est-y une belle ville, Orléans ?

EDGARD.

Mon Dieu ! ça dépend du point de vue, auquel on se place... Ainsi du haut de la cathédrale le point de vue n'est pas mal !

BAULOIS.

Monsieur est venu en chemin de fer ?

EDGARD.

D'Orléans ?... Non, sur les mains !... A présent que vous voilà renseigné, veuillez aller avertir votre maître. Je n'ai pas l'habitude de causer avec les domestiques.

BAULOIS, vexé.

Bien, Monsieur !... (A part, sortant.) Oh ! tu n'as pas l'habitude !... Je vais flanquer sa côtelette dans le feu !...

SCÈNE VII

EDGARD, seul.

Tout ce qui m'arrive aujourd'hui est bien étrange!...
A huit heures cinquante je gifle un capitaine de dragons dans le fiacre 12450; de huit heures cinquante
à dix heures et demie je parcours les rues de Paris
au pas de course, poursuivi par le susdit dragon
escorté d'un millier de personnes criant: l'attrapera,
l'attrapera pas !... A dix heures trente-cinq je change
de costume chez un généreux inconnu... A onze
heures je me trouve dans le salon de mon futur
beau-père !... Et ô stupeur! ce salon ressemble
comme deux gouttes d'eau... Étrange !... Étrange !...

SCÈNE VIII

LES MÊMES, plus ESCOUBLAC.

ESCOUBLAC, entrant par le fond, à part.

Je vais lui demander de célébrer la noce sur les
bords du lac Albert.

EDGARD, saluant.

Monsieur... (Poussant un cri en reconnaissant son costume.)
Ah ! mon Dieu !...

ESCOUBLAC.

Eh bien ! qu'avez-vous, monsieur Edgard ?...

EDGARD.

Rien ! La surprise, la joie, l'émotion... (A part.) Sapristi !... Mon complet... c'était ici !...

ESCOUBLAC, étonné.

Voyons, remettez-vous...

EDGARD, à lui-même.

Pourvu qu'il ne reconnaisse pas... (Il prend le tapis qui est sur une petite table au fond et s'enveloppe dedans. — A part.) En voilà une malchance !

ESCOUBLAC, ahuri.

Ah ! ça, mais que faites-vous donc ?...

EDGARD.

Ne vous occupez pas de moi !... Je suis gelé... (Claquant des dents.) Brou !... Brou !...

ESCOUBLAC, ahuri.

Gelé ?.. Mais le thermomètre marque vingt-six degrés à l'ombre !...

EDGARD.

Justement !... Plus il fait chaud, plus j'ai froid !,.. Ainsi tenez, j'irais un jour sous l'Équateur, eh bien ! je vous parie vingt sous contre un que le lendemain je serais mort de froid !...

ESCOUBLAC, ahuri.

Ah !...

EDGARD.

Oui !... Et par contre j'irais au pôle Nord... voilà !... (A part.) Je patauge horriblement !

ESCOUBLAC, à part.

Je le crois légèrement timbré !... (Haut.) Mon cher

monsieur Laturballe, j'ai reçu sur vous les meilleurs renseignements...

EDGARD, distrait.

Oui !... Oui !... (A part.) J'étouffe...

ESCOUBLAC.

Je suis prêt à vous accorder ma fille... mais à une condition...

EDGARD, distrait.

Oui !... Oui !... (A part.) Je ne pourrai jamais déjeuner avec ça !...

ESCOUBLAC.

Connaissez-vous le lac Albert ?...

EDGARD.

Le lac Albert ?... Attendez donc... (Après avoir réfléchi.) Non !... Je vais quelquefois à Olivet le dimanche, mais jamais... D'abord où placez-vous le lac Albert ?...

ESCOUBLAC.

Non loin du lac Victoria.

EDGARD.

Et le lac Victoria ?...

ESCOUBLAC.

Près du lac Albert...

EDGARD.

Parfait !... Et maintenant où les placez-vous tous les deux ?...

ESCOUBLAC, à part.

Il n'est pas fort en géographie ! (Haut.) Dans l'Afrique centrale...

EDGARD.

Ah ! vous les placez... (A part.) Ce n'est pas un fa-
bricant de sardines, ça, c'est un placeur en lacs !

ESCOUBLAC.

Eh bien ! mon cher monsieur Laturballe, je n'ac-
corderai la main de ma fille qu'à l'homme qui con-
sentira à venir l'épouser sur les bords du lac Albert.

EDGARD.

Ah !... (A part.) Est-ce qu'il serait toqué ?...

ESCOUBLAC.

La raison ?... La voici : il m'est arrivé ce matin
une aventure tellement extraordinaire...

EDGARD, à part.

A lui aussi ?...

ESCOUBLAC, mystérieusement.

J'ai un dragon à mes trousses...

EDGARD.

Hein ?

ESCOUBLAC.

Figurez-vous qu'il y a une heure j'étais tranquillement en train de causer avec Baulois mon domestique, quand tout à coup un dragon que je ne connais pas fit irruption dans ce salon...

EDGARD, à part.

Aïe !... Aïe !...

ESCOUBLAC.

Ah ! je vous tiens ! s'écria-t-il en me saisissant au
collet ! Vous m'avez souffleté dans le fiacre 12450, je

2

vous dois une gifle... (Faisant le simulacre de gifler quelqu'un.) V'lan !

ESCOUBLAC.

EDGARD, à part.

Il a cru... Diavolo !...

ESCOUBLAC.

Ce n'est pas tout, hélas !

EDGARD.

Qu'y a-t-il encore, mon Dieu ?...

ESCOUBLAC.

Il veut s'offrir mon sang, les armes à la main...
Eh bien ! voyons, là, que feriez-vous à ma place ?...

EDGARD, avec force.

Je me battrais ! (A part.) Épouser une orpheline,
quel rêve !

ESCOUBLAC.

Comment, vous n'auriez pas peur de...

EDGARD.

Peur, moi Edgard Laturballe !... Tenez, écoutez
cette simple histoire. C'était à la foire de Neuilly,
chez Bidel... Le dompteur faisait travailler des
fauves... six lions superbes qui n'avaient pas mangé
depuis huit jours — notez bien ce détail —... Tout
à coup Sultan, un lion de l'Atlas... cinq ans... et
toutes ses dents... se précipite sur Bidel et le ren-
verse d'un coup de patte... Les spectateurs poussent
un cri d'horreur... Alors...

ESCOUBLAC.

Alors ?...

EDGARD.

Alors moi je m'élance vers la cage, j'écarte deux barreaux... comme ça !... et j'entre...

ESCOUBLAC.

C'est palpitant !...

EDGARD.

De la main droite je relève Bidel et de la main gauche — notez ce détail — j'étrangle les six lions... qui n'avaient pas mangé depuis quinze jours !... (Simplement.) Voilà !...

ESCOUBLAC.

C'est superbe !... (Poussant un cri.) Ah ! mon Dieu ! Une idée !...

EDGARD.

Je vous écoute !...

ESCOUBLAC.

Puisque vous êtes si courageux vous allez vous battre à ma place...

EDGARD.

Moi ?...

ESCOUBLAC.

Oui !... N'êtes-vous pas mon futur gendre ?... Eh, bien ! ça ne sortira pas de la famille !...

EDGARD.

Permettez !...

SCÈNE IX

Les Mêmes, plus BAULOIS.

BAULOIS, entrant par le fond.

C'est encore le dragon de Monsieur...

ESCOUBLAC, avec joie.

Qu'il entre !... Baulois, nous ne partons plus !...

BAULOIS.

Comment ? Monsieur va se battre ?...

ESCOUBLAC.

Pas moi !... Lui !... Nous serons ses témoins...

BAULOIS.

Tiens ! Ça me va !

EDGARD.

Mais...

ESCOUBLAC.

Nous vous laissons avec lui. Soyez terrible !... Pas de concessions !... Demain à huit heures du matin, au Vésinet. Le combat ne s'arrêtera...

BAULOIS.

Qu'à l'heure du déjeuner...

ESCOUBLAC.

Ah ! j'oubliais... Comme il m'a laissé le choix des armes... choisissez le sabre... Voilà longtemps que je désire voir...

BAULOIS.

Moi j'aurais préféré la hache... C'est plus rusti-
que !

EDGARD, railleur.

Mon Dieu ! on pourrait s'entendre... la hache
d'une main... le sabre de l'autre... Je regrette bien
de ne pas en avoir une troisième...

ESCOUBLAC.

Quel courage !...

BAULOIS.

Cristi !...

ESCOUBLAC.

Ah ! ma fille sera bien heureuse !...

Escoublac sort par la gauche et Baulois par le fond.

SCÈNE X

EDGARD, puis KERVANY.

EDGARD, seul, ôtant le tapis qu'il a sur les épaules.

Sapristi ! j'ai eu une fière idée de quitter Orléans
moi !... Comment me tirer de là ?...

KERVANY, entrant par le fond, à Edgard.

Monsieur est sans doute un des témoins de mon
adversaire ?...

EDGARD, à part.

Oh ! j'ai trouvé !... (Haut.) En effet, capitaine !

KERVANY.

Les miens seront ici dans une heure, Monsieur...

EDGARD.

Inutile qu'ils se dérangent !...

KERVANY.

Comment ?...

EDGARD.

Monsieur Escoublac m'a chargé de vous faire des
excuses... d'une platitude désespérante...

KERVANY.

Il refuse...

EDGARD.

Les larmes aux yeux... Mais il refuse !

KERVANY.

Après m'avoir souffleté...

EDGARD.

Oh ! il ne nie rien...

KERVANY.

Il reconnaît donc maintenant...

EDGARD.

Il ne fait que ça !

KERVANY.

Eh bien ! Monsieur, veuillez dire à ce... paltoquet,
que je n'accepte ses excuses que s'il vient me les
faire lui-même...

EDGARD, à part.

Patatras !...

KERVANY, s'asseyant.

Mon Dieu !... que j'ai donc eu tort de quitter Orléans...

KERVANY.

Eh bien ! Monsieur, vous n'allez pas ?

EDGARD.

Voyons, entre nous, est-ce que vous tenez beaucoup à ce que ce soit lui-même...

KERVANY.

Énormément, Monsieur...

EDGARD.

Ça s'arrangerait si bien sans ça!...

KERVANY.

Je le regrette, Monsieur...

EDGARD, à part.

Je ne peux pourtant pas lui demander... (Frappé d'une idée.) Oh !... (A Kervany.) Eh bien, capitaine, c'est entendu !... Mais, hélas ! peut-être ne pourra-t-il jamais...

KERVANY.

Comment ?...

EDGARD.

Il est malade !... Il est très malade, ce bon M. Escoublac...

KERVANY, railleur.

Ça lui a pris, comme, ça tout à coup...

EDGARD.

Oui, capitaine... Et le docteur nous fait espérer qu'il ne passera pas la nuit !... Il est à l'agonie !...

SCÈNE XI

LES MÊMES, plus ESCOUBLAC.

ESCOUBLAC, entrant.

Eh bien ! est-ce fait ?...

EDGARD, à part.

Allons, bon !...

KERVANY.

Comment !... Vous n'êtes pas à l'agonie, vous ?

ESCOUBLAC.

A l'agonie ?...

KERVANY.

Ah ! ça, Monsieur, que me disiez-vous donc ?...

EDGARD, cherchant.

Moi... je... (A part.) Je voudrais bien m'en aller...

ESCOUBLAC, ahuri.

A l'agonie ?... Ah ! ça, il est fou !...

KERVANY.

Voyons, ce n'est pas tout ça, faites-moi vos excuses
de vive voix ou sinon...

ESCOUBLAC.

Quelles excuses ?...

KERVANY.

Vous avez chargé Monsieur ici présent, de m'en
faire en votre nom...

ESCOUBLAC.

Des excuses, moi ?... Mais pas du tout !... Je l'ai
prié de se battre à ma place !...

EDGARD, à part.

Aïe !... Aïe !...

KERVANY.

Ah ! c'est trop fort !...

ESCOUBLAC.

Monsieur, veuillez m'expliquer...

EDGARD, à part.

L'air que je respire ici ne me vaut rien !

KERVANY, à Escoublac.

Vous vous expliquerez tout à l'heure. — Vous battez-vous, oui ou non, à la fin ?...

ESCOUBLAC.

Mais non, sapristi !... Je refuse avec énergie ! — D'abord ce n'est pas moi qui vous ai giflé !...

KERVANY.

Allons donc !.... Je vous ai reconnu à ce costume...

ESCOUBLAC.

Mais ce complet n'est pas à moi !... Je l'ai trouvé sur cette chaise à la place... (Reconnaissant la redingote que porte Edgard.) Ah ! par exemple ! ma redingote !...

EDGARD, à part.

Je suis pris !...

ESCOUBLAC.

Ah ! ça, comment se fait-il que vous ayez...

EDGARD, balbutiant.

Oui... Comment se fait-il...

ESCOUBLAC, tâtant ses poches et trouvant le portefeuille de Laturballe.

Tiens, qu'est-ce que c'est que ça ?...

EDGARD, à part.

Mon portefeuille !... C'est le bouquet !...

ESCOUBLAC, trouvant des cartes dans le portefeuille.

Edgard Laturballe... Edgard Laturballe... Edgard...

(A Edgard.) Mais ce costume vous appartient donc, Monsieur ?...

 EDGARD.

Ah ! vous croyez que...

KERVANY.

Parbleu !... Je comprends... Monsieur s'est réfugié dans cette maison et pour m'échapper...

Un silence.

ESCOUBLAC.

Vous ne répondez pas ?...

EDGARD.

Je vous jure bien que si j'avais su que j'étais chez mon futur beau-père !...

ESCOUBLAC.

Vous avez failli faire couler mon sang... Tout est rompu !...

KERVANY.

Faites-vous des excuses, Monsieur ?...

EDGARD, avec force.

Jamais !...

KERVANY, allant pour le souffleter.

En ce cas...

EDGARD, vivement.

Jamais je ne refuserai de faire des excuses à un officier français !

KERVANY.

C'est bien, Monsieur !...

ESCOUBLAC.

Des excuses? Un homme qui étranglé six lions...

EDGARD, bas.

Chut!... C'était en rêve !...

KERVANY, à Escoublac.

Il me reste à vous présenter tous mes regrets,
Monsieur...

ESCOUBLAC.

Nous parlerons de ça au dessert, car vous déjeunez
avec moi !...

KERVANY, étonné.

Mais je ne sais si je dois...

ESCOUBLAC.

Si !... Si !... (A part.) Je le présenterai à ma fille...

SCÈNE XII

LES MÊMES, plus BAULOIS.

BAULOIS, entrant par la gauche.

Monsieur est servi !...

EDGARD, résigné.

Allons, je vais reprendre le train.

ESCOUBLAC.

Eh bien ! et ma redingote ?... Nous allons changer...

EDGARD.

Ah ! c'est vrai !... J'oubliais !... (A Escoublac qui veut se déshabiller.) Attention !... (Montrant le public.) Il y a des dames !...

Rideau.

Imprimerie Générale de Châtillon-sur-Seine.— PICHAT ET PEPIN.

A LA MÊME LIBRAIRIE

COMÉDIES POUR HOMMES

	Personnages	Prix.
Un Beau-Père pas commode.	2	1 »
Le Célèbre Baluchard.....	2	1 »
Un Chef de service	5	1 »
Le Coup de foudre.......	2	1 »
Los Contrabandistas, (bouff. musicale.).............	2	1 »
La Dame de Louvain.....	3	1 »
Le Dragon.............	4	1 »
Gustave	2	1 »
Le Fluide de John.......	3	1 »
Le Jour des Rois........	3	1 »
Un Mariage au téléphone...	2	1 »
Un Mari pour 30 centimes..	2	1 »
Presque Frères	2	1 »
Tous décorés..........	3	1 »
Tribulations d'un poulet ...	3	1 »
Vingt minutes d'arrêt.....	2	1 »
La Vocation de Molière....	3	1 »

COMÉDIES POUR JEUNES GENS

	Personnages	Prix.
Les Avocats	4	1 »
Le Billet de loterie	6	1 »
Le Crime de Moutiers.....	5	1 »
Une Nuit orageuse	4	1 »
Le Sac de Scapin	4	1 »
Le Réveil du Calife.......	4	1 »

IMPRIMERIE GÉNÉRALE DE CHATILLON-SUR-SEINE. — PICHAT ET PEPIN.